# FLIM PINGUIN

## im Kindergarten

Für Lisa.

Ohne deine wunderbare Freundschaft und
deinen Ball aus Liebe,
ohne diesen besonderen Nachmittag im Café und
ohne deinen Großvater wäre meine Welt eine ganz andere …
Ich bin so froh, dass es dich gibt!

GrünerSinn-Verlag

„Ich komm in den Kindergarten,
kann es wirklich kaum erwarten,
so viel Neues gibts zu sehn
Mami, kannst du mit mir gehn?“

Flim ist kaum dort angekommen
und schon ganz schnell losgeschwommen,
geht gleich mit den andern flitzen
über Löcher, Spalten, Ritzen.

„Und, gefällts dir bei uns, Flim?“
„Klar. Es ist kein bisschen schlimm,
aber Mama fehlt mir sehr,
kann sie denn nicht auch mit her?“

„Deine Mama, die hat nun,
wenn du weg bist, viel zu tun,
brüten, fischen, Federn putzen
und die Morgensonne nutzen."

„Währenddessen sorge ich
ganz besonders gut für dich.
Spiel ein bisschen, du wirst sehn,
die Zeit hier wird sehr schnell vergehn!“

Doch nach ein paar schönen Tagen
fängt Flim an sich eins zu fragen:
Immer muss die Mama gehn,
werd ich sie auch wiedersehn?

„Mama, holst du mich auch wieder?"
Flim umklammert ihr Gefieder.
„Schätzchen, du kannst sicher sein,
nie lass ich dich lang allein!"

„Damit du das nicht vergisst
und mich nicht zu sehr vermisst,
reiche ich dir jetzt von mir
diesen Ball aus Liebe hier.“

„Er gibt sehr gut auf dich Acht
schenkt dir dazu ganz viel Macht,
immer bleibt er in der Nähe,
bis ich dich dann wiedersehe.“

„Schau, Flim, das ist Marilou,
sie ist neu, genau wie du!“
„Marilou, oh, das klingt nett!“
Flim wird gleich ganz violett.

„Guck mal, was du vor dir hast,
das ist unser Eispalast.
Magst du mit uns Lieder singen
oder in den Eissee springen?“

Bald drängt Flim Mama zur Eile,
kriegt im Haus schnell Langeweile,
will rasch in den Kindergarten,
wo die Freunde auf ihn warten.

# Und jetzt …

noch ein paar aufmunternde
Worte für euch, liebe Eltern

Liebe Mama, lieber Papa,

es ist für Erzieher(innen) und Eltern immer wieder beglückend, wenn die Eingewöhnung eines neuen Kindes im Kindergarten problemlos verläuft, sich der Nachwuchs schnell integriert und die Eltern sorglos zur Arbeit gehen können.

Bei euch ist es anders gelaufen? Und das, obwohl ihr lange darüber gesprochen habt, bevor der große Tag kam? Und obwohl euer Kleines sich darauf gefreut hat, endlich wie die Großen spielen zu können? Und vor allem trotz der Tatsache, dass ihr euch Zeit gelassen habt mit der Eingewöhnung? Oder es lief alles ein paar Monate problemlos – und dann fingen die Schwierigkeiten erst an?

Nicht selten passiert Folgendes: Die ersten paar Tage läuft es super, der Nachwuchs ist schwer beschäftigt damit, die vielen neuen Eindrücke zu verarbeiten.

Doch irgendwann dämmert es dem Kind: Die Zeit im Kindergarten bedeutet, dass es ohne die Eltern auskommen, viele neue Situationen meistern muss. Es sehnt sich nach der Ruhe und der Berechenbarkeit seiner häuslichen Umgebung. Eine Pädagogin erzählte mir: Dieser Punkt kommt bei jedem Kind, er ist ein wichtiger Schritt hin zu mehr Eigenständigkeit. Nur: Manche Kinder können so gut damit umgehen, dass es nie zu einem offensichtlichen Problem kommt. Andere haben große Schwierigkeiten mit dem Start in diesen neuen Lebensabschnitt.

Wieder andere machen nach ein paar Wochen oder Monaten eine unschöne Erfahrung – oftmals mit anderen Kindern. Womöglich ist diese Erfahrung so schockierend, dass das Kind deshalb Ängste entwickelt, die es vorher gar nicht hatte. Hat man die Ursache dafür herausbekommen, kann man gezielt gegensteuern, indem man immer wieder mit dem Nachwuchs redet und ihm beibringt, sich von anderen Kindern nicht alles gefallen zu lassen. Ich habe meiner Tochter stets aufs Neue eingeschärft, dass sie sich an die Erzieher(innen) wenden soll, wenn es ein Problem gibt, das sie nicht selbst lösen kann.

Nicht nur für die Eltern, auch für die Erzieher(innen) ist es herzzerreißend, wenn das Kind bei der Übergabe weint oder gar tobt, in der Hoffnung, durch seine Bemühungen den geliebten Elternteil zum Bleiben bewegen zu können.

Es mag zwar manchmal verlockend sein, sich einfach davonzuschleichen, um die schmerzliche Trennung zu umgehen, aber wenn die Eltern mit einem Mal plötzlich verschwunden sind, werden die Verlustängste des Kindes nur noch größer. Ein Abschied muss sein. Oft wird empfohlen, diesen möglichst kurz zu halten. Man sagt: Je länger der Abschied dauert, desto schwieriger und tränenreicher wird er. Dabei wird vergessen, dass jeder Mensch anders ist. Manchen mag das helfen, andere brauchen länger, um sich zu akklimatisieren. Wenn es euch möglich ist und ihr so ein gemütliches Kind habt, dann nehmt euch die Zeit.

Dieses Buch soll euch und eurem Nachwuchs den Abschied erleichtern. Ihr könnt „Flim Pinguin" nutzen, um eurem Kind ganz deutlich zu zeigen, dass ihr Verständnis für seine Ängste habt und dass es nicht allein damit ist, weil es da draußen ganz viele kleine, ängstliche Flims gibt. Ich habe meiner Tochter gegenüber immer wieder betont, wie langweilig es ihr wäre, müsste sie bei mir zu Hause bleiben, während ich arbeite. Ich habe ihr auch immer wieder versichert, dass ich zurückkomme, sobald ich fertig mit meiner Arbeit bin. Arbeit, die ich erledigen muss, um Geld zu verdienen, das ich brauche, um damit viele schöne Sachen mit der ganzen Familie zu unternehmen. Und ich habe durch Gespräche sichergestellt, dass sie sich wohl und sicher bei ihrer Vertrauensperson und in Umgebung der anderen Kinder fühlt.

Möglicherweise könnt ihr eurem Kind auch vermitteln, dass es ein Mitspracherecht hat, indem ihr es den Zeitpunkt des Abschieds mitbestimmen lasst. Oder ihr schließt einen Kompromiss: Mama oder Papa kommt noch mit in die Puzzleecke und schaut einmal zu, wie gut der Nachwuchs schon puzzeln kann, dann gibts ein Abschiedsküsschen und es puzzelt alleine weiter. Nichts ist unerträglicher, als ein brüllendes Kind zurücklassen zu müssen, das von einer Erzieherin festgehalten wird. Schätzt gemeinsam mit eurem Kind den richtigen Zeitpunkt ab.

Der Zeitpunkt kommt nie? Kenne ich. Vielleicht hilft ein Ritual, um den Abschied zu erleichtern. Meine Tochter rannte am liebsten mit einem der anderen Kinder in die Gruppe hinein. Die Tochter meiner Freundin bevorzugt tatsächlich den im Buch erwähnten imaginären Ball aus Liebe. Vielleicht winkt euer Kind gerne am Fenster, wieder andere begrüßen die Tiere in der Kuschelecke. Im kindlichen Kopf setzt sich dann fest: Wenn ich morgens immer mein Ritual ausführe, dann kann ich sicher sein, dass sich später auch das zweite Ritual wiederholt, nämlich dass ich abgeholt werde.

Nehmt ihr euch auch Zeit für das Kind, wenn es wieder daheim ist? Vielleicht kann es sich im Kindergarten nur deshalb so schlecht lösen, weil es dort kurzfristig eure ganze Aufmerksamkeit erhält, die ihm zu Hause im stressigen Alltag nicht selten fehlt? Oder seid ihr es, die ihr euch nicht lösen könnt, weil ihr ein schlechtes Gewissen habt, wenn ihr euer Kind zurücklasst? Macht euch davon frei, damit ihr nicht eure Ängste oder Sorgen auf das Kind übertragt. Den meisten Kindern geht es, wenn die Eltern weg sind, besser, als diese befürchten.

Sollte sich das Kind aber auf Dauer und trotz aller Versuche noch immer nicht integrieren, würde ich schauen, ob es eine andere Lösung gibt. Eine andere Bezugsperson im Kindergarten, eine andere Gruppe dort, vielleicht ist es auch der Kindergarten an sich, der nicht optimal zum Kind passt? Eventuell ist es einfach noch zu früh –

oder das Konzept Kindergarten passt nicht zu eurer Familie.

In dem Fall hoffe ich, dass ihr eine Lösung findet, die auch und besonders für das Kind tragbar ist. Möglicherweise gibt es eine andere Bezugsperson (zum Beispiel der Opa, eine Nachbarin oder sogar eine Granny-Au-Pair), die das Kind eine Weile betreuen kann, sodass die Eltern zumindest einige Stunden ihrer Arbeit nachgehen können.

Die gute Nachricht: Es sind in den meisten Fällen wirklich nur wenige schwierige Wochen, bis der Alltag und mit ihm der problemlose Abschied (wieder) eingekehrt ist. Alles Gute wünscht euch

S. Schindler

**Sandra Schindler**
**Herbst 2017**

***Flim Pinguin im Kindergarten*** ist nach ***Der kleine Milchvampir*** bereits das zweite Gemeinschaftsprojekt von Sandra Schindler und Sandra Seiffart.

## Autorin Sandra Schindler

arbeitete bereits einige Jahre als Übersetzerin und Lektorin, bevor sie selbst mit dem Schreiben begann. Inspiriert wird sie hauptsächlich durch ihre beiden Töchter sowie durch das genaue Beobachten der Natur. Mehr über Sandras aktuelle Projekte auf sandra-schindler-schreibt.de und

**@schindler.schreibt**

Neuigkeiten, Inspirationen für einen entspannteren Alltag mit Kindern, spirituelle/alternative Buch-, Event-, Geschenktipps und vieles mehr gibt es einmal im Monat per E-Mail für Sandras VIP-Leser:

**sandra-schindler-schreibt.de/vip-liste**

## Illustratorin Sandra Seiffart

ist Mutter von zwei Töchtern, gelernte Motopädin und Lehrerin der Sonderpädagogik.

Seit 2009 arbeitet sie als Klassenlehrerin in einer Förderschule mit dem Schwerpunkt emotionale und soziale Entwicklung.

Auch wenn sie ihren Traumjob gefunden hat, gilt ihre große Leidenschaft doch dem Zeichnen und Illustrieren. Wenn sie nicht für den Grüner-Sinn-Verlag arbeitet, setzt sie ihre kreativen Ideen ehrenamtlich für Non-Profit-Organisationen ein.

## Kleine Bitte, große Wirkung:

Um Flim Pinguin zu ermöglichen, sein Ei zu verlassen und in die Verlagswelt zu schlüpfen, haben Autorin und Illustratorin unzählige Monate intensiver Arbeit zusammen verbracht. Wenn euch das Buch gefällt, würden wir uns sehr freuen, von euch zu lesen. Ob in einem Online-Shop, auf einem Blog oder in einem der zahlreichen Social-Media-Kanäle.

Eure Worte helfen uns dabei, den kleinen Flim auf eine große Reise durch die deutschsprachigen Kinderzimmer zu bringen.

Ihr habt konstruktive Kritik?
Dann wendet euch am besten direkt an den Verlag, denn nur so können wir euch künftig noch schönere Kinderbücher präsentieren.

**Ganz herzlichen Dank für eure Mithilfe!**

# Der kleine Milchvampir

Erhältlich im Buchhandel oder unter:

**veganverlag.de**

ISBN: 978-3-946625-03-2

Preis: 9,95 EUR

# Impressum

Für den GrünerSinn-Verlag ist Nachhaltigkeit ein wichtiger Maßstab seines Handelns. Deshalb achten wir auch bei der Herstellung ganz besonders auf umweltfreundliche, ressourcenschonende und schadstofffreie Produktionsweisen und Materialien. So wird holzfreies Papier verwendet und für die Druckproduktion werden nur erneuerbare Energien und reine Pflanzenölfarben verwendet.



Text & Konzeption: Sandra Schindler
Illustrationen: Sandra Seiffart
Lektorat: Petra Hucke
Herstellung: Christian Dolezal, Grasl FairPrint www.grasl.eu

ISBN: 978-3-946625-04-9
1. Auflage 2017, **GrünerSinn-Verlag**
www.veganverlag.de

*GrünerSinn-Verlag*